DELEGA TUS PROYECTOS CON ÉXITO

Las claves para confiar tareas
a los empleados de forma eficaz

Por Véronique Bronckart

Traducido por Laura Bernal Martín

DELEGAR CON ÉXITO

- **¿Problemática?** ¿Cómo confiar tareas y responsabilidades a tus trabajadores con eficacia?
- **¿Utilidad?** Delegar tareas a los colegas permite ganar tiempo en un proyecto, además de motivar y cultivar los talentos de estos con el objetivo de aumentar las probabilidades de éxito del proyecto.
- **¿Contexto profesional?** Gestión de proyectos, gestión de equipos, etc.
- **¿Preguntas frecuentes?**
  - No tengo la sensación de estar desbordado de trabajo, ¿aun así tengo que delegar?
  - ¿Cuál es el momento propicio para delegar?
  - ¿Delegar significa abandonar una parte del proyecto?
  - ¿Puedo confiarle todo tipo de tareas a mis trabajadores?
  - Cuando he delegado la tarea, ¿es necesario seguir ocupándome de ella?
  - ¿Qué herramientas pueden ayudarme a organizar la delegación?
  - ¿Cuáles son los riesgos vinculados a la delegación?
  - ¿Cómo asegurarme de que mi empleado aceptará esta tarea de forma positiva?
  - ¿Se puede revocar una delegación con el proyecto en curso?
  - ¿Tengo que formalizar mi delegación por escrito?

Para muchos, delegar significa «perder el control». Tienen miedo a molestar a los demás, por falta de confianza o simplemente porque quieren asegurarse de que un proyecto se lleva a cabo según sus expectativas y sus condiciones, y por ello intentan encargarse solos de la misión. Pero, en este caso, siempre acecha el peligro de ahogarse en la cantidad de tareas que hay que terminar y de no alcanzar el objetivo fijado, o incluso de sufrir un burnout.

Para evitar este tipo de situaciones, un buen gestor de proyectos domina el arte de delegar con eficacia. En efecto, su papel no es controlar cada elemento del proyecto, sino organizar el conjunto. Confiarle a otros un máximo de tareas le permitirá evitar una sobrecarga y un estrés que podrían resultar nefastos para el cumplimiento del proyecto y concentrarse en las tareas más importantes. Además, así mostrará una cierta confianza en los miembros del equipo. Estos se sentirán implicados, lo que les motivará y les hará sentirse valorados. ¡Todos salen ganando!

No obstante, delegar no es una decisión que se pueda tomar a la ligera y no debe hacerse deprisa y corriendo, porque se corre el riesgo de perjudicar el proyecto y de que no quieras volver a repetir la experiencia. Deja de tener miedo a apoyarte en tus colegas y descubre las reglas que han de seguirse y los comportamientos que tienes que adoptar hacia tus trabajadores para poder delegar sin miedo y concluir tu proyecto con éxito.

EL ABECÉ DE UNA DELEGACIÓN EFICAZ

¿QUÉ ES DELEGAR?

Transmitir una responsabilidad

Lo primero que hay que evitar es confundir delegar con repartir tareas, porque son procesos muy distintos. De hecho, delegar consiste en confiar una o varias tareas (u objetivos, porque las acciones se desprenderán de estos últimos) a uno o varios trabajadores y de hacerlos responsables de las mismas. No se trata de abandonar un proyecto, de perder el control del mismo, de descentralizarlo ni de perder el poder, sino de compartir su realización en aras de un mejor resultado final.

La noción de responsabilidad es primordial. Cuando le confiamos una misión a un trabajador, este debe poder disfrutar de una cierta libertad decisoria. Tiene que poder proceder como desee para obtener el objetivo establecido. Si no dispone de este poder decisorio, no se tratará de una delegación sino simplemente de la transmisión de una orden a un subordinado. No obstante, incluso a sabiendas de que tu trabajador es responsable de alcanzar su objetivo, seguirás siendo el responsable de las actividades y de las decisiones del empleado al que le has delegado la misión. Por eso debes confiar plenamente en la persona que has seleccionado y tienes que garantizar un cierto seguimiento para estar pendiente de que los objetivos se alcancen.

- La delegación temporal es la más común. De hecho, es frecuente que, durante su ausencia, un subordinado reemplace al superior jerárquico responsable de las decisiones o que se le llame si se necesitan sus competencias. En este caso, las nociones de decisión y de autoridad se disocian: el subordinado toma las decisiones durante el periodo de delegación, pero no será responsable de sus consecuencias.
- La delegación permanente consiste en concederle a otro el poder decisorio a largo plazo para ciertas situaciones definidas de antemano. Las nociones de decisión y de responsabilidad se asocian; así, el trabajador debe asumir las consecuencias de sus actos. En este caso, se recomienda prever una cláusula adicional en el contrato del mismo.

Los estilos de gestión

El tipo de gestión es el que influye y facilita la delegación en una empresa. Puede ser:

- **coercitivo**. Este estilo de gestión está muy estructurado. Las instrucciones y las órdenes son precisas. Generalmente, el trabajador no tiene un verdadero poder decisorio, algo poco motivante. No se trata de una delegación propiamente dicha, sino más bien de una transmisión de órdenes sobre la tarea que hay que realizar;
- **orientativo**. Su objetivo es poner a los trabajadores en

acción. Las órdenes y las instrucciones son precisas y están acompañadas de explicaciones y de justificaciones del porqué se han tomado determinadas decisiones. El nivel de autonomía de los trabajadores es bajo, lo que puede ralentizar el proceso de desarrollo del proyecto;

- **participativo**. Este estilo se basa en el plano relacional. Aunque pueda parecer un poco desordenado, resulta relativamente eficaz. Las decisiones se toman dialogando con los trabajadores, lo que les motiva y les incita a implicarse en el proyecto;
- **«delegante».** Este tipo de gestión, basada en la confianza del superior en sus trabajadores, se basa en la responsabilidad, en la autonomía, en la iniciativa y en la toma de decisiones. Los miembros del equipo se sienten valorados e implicados en el proyecto.

Cada estilo de gestión tiene sus puntos fuertes y sus puntos débiles. El buen hacer del jefe de equipo radica en ser capaz de pasar de un estilo a otro dependiendo de la persona a la que se dirige y de la situación. El estilo llamado «delegante» es, evidentemente, el que más favorece la delegación entre un responsable y su equipo.

La ley de la división del trabajo

Son muchos los gestores que han perdido la fe en la delegación y que encuentran miles de excusas para no recurrir a ella: «Es demasiada responsabilidad para los empleados», «La tarea no se realizará correctamente», «Explicarlo todo me llevaría demasiado tiempo». De esta forma, se olvidan rápidamente de un pequeño detalle particularmente importante: delegar responde a la ley de la división del trabajo. Teorizada por Adam Smith (economista británico ilustrado, 1723-1790), consiste en el reparto de una tarea única y compleja en varias, que serían realizadas por diferentes profesionales. Como dicta la lógica, una persona concentrada en una tarea concreta será más eficaz que otra que intenta gestionar varias. Así, la delegación aumenta la productividad gracias a la división del trabajo. ¡Sería una pena no aprovecharlo!

¿Cuáles son las ventajas reales?

Un jefe de proyectos no es un superhombre y no puede encargarse de todo, porque de hacerlo corre el riesgo de no estar concentrado en las tareas importantes y de cometer errores. Por tanto, saber delegar es una buena competencia que, de adquirirse, permitirá optimizar la gestión de tiempo y evitar estar sobrecargado o verse superado por la carga de trabajo. Al confiarle tareas a los trabajadores, el gestor puede dedicarse a otras específicas de su cargo. Para ello, hay que aceptar perder un poco de tiempo al principio para ganarlo a largo plazo. Esta estrategia de gestión se recomienda a menudo en el marco de la prevención del burnout.

Asimismo, la delegación se recomienda sobre todo insertada en una estrategia global de gestión de equipos para desarrollar los rendimientos del mismo, aprovechar las competencias y la experiencia de cada uno de sus miembros y hacer que pasen a la acción para aumentar la motivación. De hecho, los empleados se sienten muy valorados si se les confía una tarea y se les responsabiliza para alcanzar un objetivo. Sentirán que son útiles para la empresa y, al ser conscientes de la importancia del papel que desempeñan en el desarrollo de esta, se implicarán más en su misión. Finalmente, al delegar ciertas tareas a personas competentes, garantizarás la calidad y les permitirás desarrollar sus competencias, porque el objetivo de delegar no es otro que el de alcanzar juntos el éxito.

LOS FRENOS

Las resistencias a este proceso pueden ser muchas:

- una falta de autoconfianza o de confianza en los trabajadores;
- una falta de tiempo para definir los objetivos que hay que delegar y a quién delegarlos;
- una falta de competencias en el equipo;
- una falta de buena gestión en la delegación;
- el miedo a perder poder;
- el miedo a que surjan celos en el equipo.

Estos frenos son círculos viciosos. Para romperlos solo existe una solución: aprender cuáles son las reglas para poder delegar con eficacia.

PREPARAR LA DELEGACIÓN

Es primordial no esperar a estar desbordado para pasarle una parte del trabajo a otro, porque esto requiere una buena dosis de preparación previa. Como antes de cualquier decisión, es conveniente responder a las preguntas «¿Qué? ¿Quién? ¿Cómo? ¿Por qué?».

Definir las tareas

Antes de lanzarte a ciegas y delegar imprudentemente, empieza seleccionando las tareas que puedes completar solo en función de tu carga de trabajo y de tus competencias. A continuación, analiza las demás y elige de entre ellas las que:

- puede realizarlas fácilmente otra persona (tareas corrientes que tienen poco impacto en el resto del proyecto);
- requieren una competencia particular;
- pueden subcontratarse a un tercero externo a la empresa.

Preocúpate por no delegar solo las tareas más difíciles; descárgate también de otras más gratificantes o correrás el riesgo de desmotivar a tu trabajador. Finalmente, hay que recordar que, evidentemente, no puedes confiar misiones que sean de la competencia del gestor, como la resolución de conflictos, el respeto de la disciplina, etc.

Elegir al trabajador adecuado

La siguiente etapa consiste en elegir al delegatario. Para que la misión se cumpla con eficacia, es muy importante seleccionar a la persona que mejor encaje. De hecho, sería contraproducente confiarle la creación de la página web de la empresa a un lego en informática, incluso si quieres complacerle.

En este punto, se trata de conocer las competencias de tus empleados, su potencial, su carga de trabajo actual, su motivación y su proyecto profesional para organizar tu delegación de forma que todo el grupo se beneficie y dé lo mejor de sí mismo. Este proceso se inscribe en una reflexión de equipo: no solo se trata de ganar tiempo, sino de ponerse en el lugar de los empleados para ayudarlos a progresar y conseguir que alcancen juntos el éxito.

Empieza retomando la lista de tareas que deseas delegar y luego analiza el perfil de tus colegas. Para ello, ayúdate de un análisis de competencias. Este te ofrecerá una visión global de los recursos técnicos y humanos de tus trabajadores y te permitirá delegarle la realización de una tarea a un perfil en particular.

Análisis de competencias

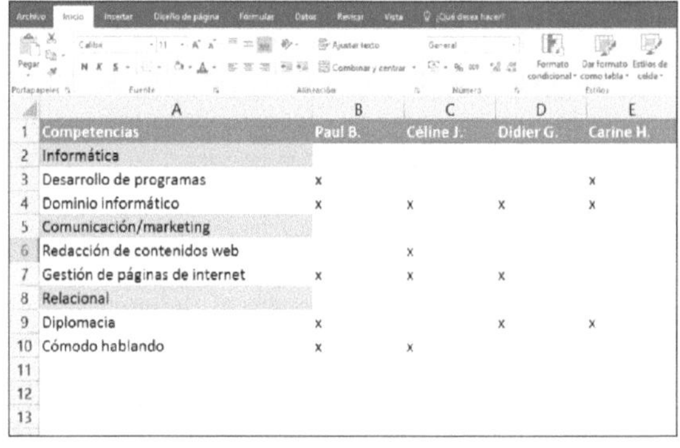

Competencias	Paul B.	Céline J.	Didier G.	Carine H.
Informática				
Desarrollo de programas	x			x
Dominio informático	x	x	x	x
Comunicación/marketing				
Redacción de contenidos web		x		
Gestión de páginas de internet	x	x	x	
Relacional				
Diplomacia	x		x	x
Cómodo hablando	x	x		

De esta forma, para un proyecto relativo a la puesta en marcha de una nueva campaña publicitaria, por ejemplo, asegúrate de que la persona seleccionada posee competencias comunicativas y de marketing, así como una agenda de contactos publicitarios interesante para la tarea. Cuando hayas elegido a la persona en cuestión, asegúrate de que esta dispone de tiempo suficiente y que está lista para implicarse en el proyecto.

Fijar los objetivos

Antes de incluso pensar en avisar al agraciado, tienes que definir claramente la misión así como los objetivos que hay que alcanzar, con el fin de facilitar el plan de acción que hay que poner en marcha. Para ello, el método SMARTE resulta de gran utilidad.

- **S = eSpecífico**. ¿En qué consiste exactamente la tarea?
- **M = Medible**. ¿Cómo voy a medir los resultados obtenidos? ¿Qué me permitirá decir que el resultado se ha alcanzado?
- **A = Ambicioso**. ¿Por qué es importante realizar esta tarea y alcanzar este objetivo? ¡Lo importante aquí es definir lo que impulsa la motivación!
- **R = Realista**. ¿La misión es realizable? ¿Qué medios voy a poner a disposición del trabajador para que pueda lograr el éxito (financieros, formativos, material, etc.)?
- **T = Tiempo**. ¿En qué plazo debe alcanzarse el objetivo? Ten en cuenta la carga de trabajo actual del empleado en cuestión.
- **E = Entorno/ambiente.** Aunque no siempre se admite (la versión más conocida no tiene E), algunos profesionales añaden este aspecto. Se trata de comprobar que el proyecto no te perjudica ni a ti ni a tu empresa.

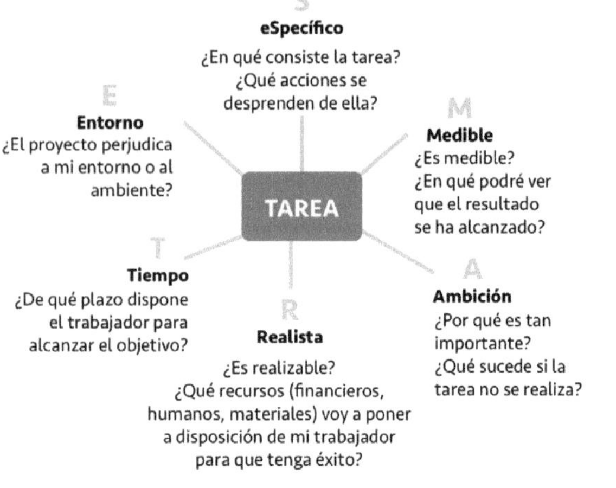

Puesta en práctica

Tomemos un ejemplo para ilustrarlo mejor. El director de una residencia de ancianos quiere organizar un fin de semana en Alsacia para 50 residentes durante el periodo del mercado de Navidad. Prevé un presupuesto de 500 € por residente para transporte y alojamiento, pero no sabe cómo financiar el conjunto del viaje ni dónde alojar a los residentes. Además, no tiene tiempo para el proyecto. Por ello, decide delegar ciertas tareas a sus trabajadores, con el principal objetivo de alojar a los residentes de manera óptima prestando siempre atención a los cuidados que necesiten. Le confiará la tarea del presupuesto a su responsable financiero, capacitado para ocuparse de este tipo de tareas, y las misiones de gestión de transporte y de alojamiento a su asistente de dirección. Para organizar la delegación, realiza primero un mapa mental:

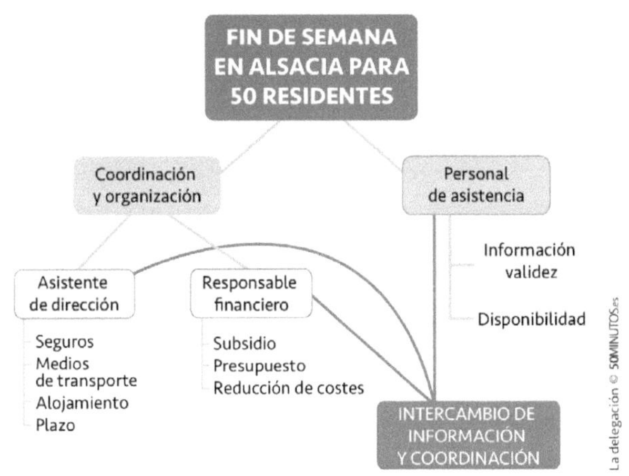

El director también puede ayudarse de una tabla de análisis del proyecto, como la que mostramos a continuación, que le ofrecerá una visión más completa.

	Proyecto global	**Tarea 1**	**Tarea 2**	**Tarea 3**	**Tarea 4**
Descripción y objetivo	Organizar un fin de semana en Alsacia para 50 residentes de una residencia de ancianos durante el mercado de Navidad.	Encontrar el modo de financiamiento más rentable.	Determinar el medio de transporte y el alojamiento adecuado para que las condiciones de la estancia sean las mejores posibles.	Encontrar un medio de transporte y un alojamiento que se correspondan con el presupuesto disponible durante el periodo de los mercados de Navidad.	Tener los seguros en regla y garantizar que el alojamiento y el transporte estarán adaptados a los residentes en función de los datos proporcionados por los cuidadores.
Plazo	Diciembre del presente año.	Antes de la reserva, es decir, a finales de agosto como muy tarde.	Agosto-septiembre	Septiembre	Septiembre
Presupuesto	500 €/residente, un presupuesto total de 25 000 €	25 000 € máximo	25 000 € máximo (repartir entre transporte, alojamiento y seguros)		

	Proyecto global	Tarea 1	Tarea 2	Tarea 3	Tarea 4
Competencias	• Organización. • Finanzas y seguros. • Dirección. • Cuidados eventuales.	• Elaboración y gestión del presupuesto. • Conocimientos de cofinanciación.	• Conocimiento de las necesidades de los residentes en términos de movilidad y de cuidados. • Capacidad para trabajar en equipo. • Capacidad para encargarse de los residentes.	• Análisis y respeto del presupuesto. • Capacidad para buscar alojamiento/ transporte. • Capacidad de negociación de tarifas.	• Asistente de dirección.
Trabajador potencial	• Asistente de dirección. • Responsable financiero. • Responsable cuidadores. • Ergoterapeuta.	• Responsable financiero.	• Responsable cuidadores. • Ergoterapeuta.	• Conocimiento de seguros. • Capacidad de coordinación.	• Asistente de dirección.

CONFIAR LAS TAREAS AL DELEGATARIO

Informar a la persona concernida

Cuando has seleccionado a la persona que se encargará de la tarea, es conveniente ponerle al corriente de tu decisión y explicarle los detalles de la delegación durante una entrevista. También es la ocasión de plantear el marco de la tarea y de activar su motivación. Para que el cara a cara transcurra lo mejor posible y sirva de trampolín para el futuro, es necesario abordar imperativamente varios puntos.

- Explícale detalladamente al trabajador las características del proyecto, como los objetivos que hay que alcanzar, los recursos financieros asignados al mismo, los recursos materiales y humanos que se ponen a su disposición, los plazos fijados y los obstáculos con los que se puede encontrar. Explícale con claridad tus expectativas en términos de resultados y asegúrate de que lo ha entendido bien. Por ejemplo: «En nuestra residencia, quiero que te ocupes de la puesta en marcha de esta nueva actividad para nuestros residentes».
- Define también con él el grado de autonomía y la persona a la que tiene que acudir si la situación llega a superar su nivel de responsabilidad. Por regla general, el margen de maniobra del asalariado irá de la mano de su posición jerárquica y de sus competencias. El gestor tenderá a darle más libertad al responsable de servicios que al auxiliar administrativo. En cambio, si el equipo está formado por empleados que se encuentran en el mismo nivel, ajustará la autonomía en función de la confianza que tiene en la persona. Por ejemplo: «Tú puedes tomar todas las decisiones relativas a los gastos inferiores a 2000 €. Si es más, tienes que consultarlo conmigo». En general distinguimos seis niveles de autonomía, del cero a la total libertad de movimiento.

Autonomía completa
el empleado informa al superior únicamente en las reuniones de evaluación

Autonomía alta
el empleado actúa solo e informa regularmente a su superior

Autonomía buena
el empleado realiza las acciones y después informa inmediatamente a su superior

Autonomía media
el empleado propone ideas para alcanzar el objetivo

Autonomía baja
el empleado pregunta cómo tiene que actuar

Autonomía nula
el empleado espera a que el gestor le diga lo que tiene que hacer

La delegación © 50MINUTOS.es

AUTONOMÍA Y RESPONSABILIDAD

Cuando las personas cuentan con poca autonomía o con poco poder decisorio, pero se les carga con grandes responsabilidades, pueden surgir tensiones y el clima social de la empresa puede deteriorarse. Por ello, vela por confiar una tarea cuyo nivel de autonomía se corresponda con el nivel de responsabilidad. No le pidas a un trabajador que se haga responsable de una decisión que tú le has impuesto.

- Explica por qué le has elegido por encima de otro refiriéndote a algunas de sus competencias. Por ejemplo: «Tienes una experiencia de varios años en el sector y posees cualidades organizativas».

- Asimismo, expón la importancia del proyecto en su totalidad. Esto le permitirá comprender mejor por qué le pides cumplir tal o cual tarea y le motivarás. Siguiendo con los ejemplos: «Te pido que pongas en marcha esta nueva actividad destinada a las personas mayores, porque estas nos hacen llegar muchas peticiones y desarrollarla nos permitirá diferenciarnos de otras residencias». Otro ejemplo: «Añadir este nicho de mercado será muy beneficioso para nuestra imagen de marca y para nuestra facturación».
- Finalmente, pregúntale por su opinión y negocia los posibles aspectos que le planteen un problema.

Seguimiento y acompañamiento

El seguimiento y el control forman parte integrante del proceso de delegación. El objetivo es comprobar que el trabajador posee todos los datos necesarios, que está motivado y que tiene a su disposición los recursos necesarios para alcanzar los objetivos. Tu papel es ayudarle a lograr con éxito la misión que le has confiado. Estos son algunos consejos que te ayudarán a poner en marcha un seguimiento de calidad:

- fija plazos y prevé evaluaciones durante el transcurso para reorientar o afinar el tiro si es necesario;
- escucha con atención a tu trabajador y demuestra una actitud benevolente. De nada sirve culparle por un pequeño error; al contrario, anímale a lo largo de todo el proyecto;
- pon a su disposición formaciones y herramientas que le puedan ayudar en su tarea.

SUPERVISIÓN, SÍ, ¡VIGILANCIA POLICIAL, NO!

En esta fase, se trata de acompañar más que de supervisar. Si tu trabajador tiene la sensación que supervisas la menor de sus acciones y de sus gestos, pensará que no confías en él, se sentirá inútil y, finalmente, sufrirán tanto su motivación como su trabajo. Si le has elegido es porque se lo merece. Para demostrárselo, déjale cierta libertad.

Hacer un debriefing

El debriefing sirve para evaluar la delegación. Felicita a tu trabajador si ha alcanzado su objetivo y, si ha fracasado, intenta entender el conjunto de motivos que han llevado a esta situación y en qué podría haber hecho de otra forma. Se trata de un momento comunicativo importante, así que préstale atención y escúchale. Puede que haya tenido que enfrentarse a obstáculos que no se esperaba. O que la presión haya sido demasiado intensa. Pregúntale sobre sus sensaciones durante la misión y ahora que ha terminado. ¿Está preparado para empezar de nuevo? Si es así, sin lugar a dudas puedes delegarle nuevos proyectos.

LOS MEJORES CONSEJOS

- **En vez de delegarle a tu trabajador únicamente tareas ingratas, confíale misiones gratificantes**, algo que le motivará. Lo mismo se aplica en tu caso: no te quedes con todas las tareas sin interés o aburridas; establece, sin embargo, un equilibrio entre ambas. Además, puedes delegar las tareas para las cuales no tengas las competencias necesarias y que te ralentizarían considerablemente en la puesta en práctica del proyecto o que te impedirían desarrollar otras acciones. Así, no intentes crear un programa informático si cuentas con un genio en el ámbito que lo haría en un abrir y cerrar de ojos.

- **No transmitas demasiadas responsabilidades de golpe a tu empleado**, porque podría estresarse o incluso perder la compostura. Procede por etapas, progresivamente. Primero, delega una tarea simple y, después, añade más responsabilidades a medida que el trabajador se autoafirma. Sin embargo, si este ya cuenta con experiencia y ha demostrado de lo que es capaz, no dudes en delegarle una o varias misiones que puede que a continuación él mismo delegue. En todo caso, asegúrate de que está de acuerdo durante la entrevista.

- **Confía las tareas a un empleado en el que tengas confianza**, tanto a nivel de competencias como a nivel de comportamiento profesional. Si dudas de una persona, probablemente perderás tiempo supervisando su trabajo o arreglando los errores que cometa, lo que será absolutamente contraproducente y perjudicial tanto para vuestra relación como para el proyecto.

- **Dale a tu trabajador libertad para elegir los recursos y los procesos** que tiene que poner en marcha para tener éxito. Esta autonomía demostrará que confías en él y hará que se sienta motivado.
- **Mantente disponible.** El delegatario tiene que poder contactar contigo y preguntarte sobre cualquier aspecto relacionado con las diversas tareas que le preocupe. Si no lo estás, solo ralentizarás el proyecto.
- **Asegúrate de seguir la evolución del proyecto y de ofrecer *feedback* constructivo de los resultados alcanzados o que hay que mejorar**, siendo siempre coherente con tus expectativas. Para ello, puedes guardar un cuaderno en el que se refleje el papel de cada trabajador, el reparto de las tareas y el estado de progreso de las mismas. También se recomienda realizar reuniones de evaluación, con la condición de que no sean demasiado frecuentes.
- **Si algo no transcurre como se había previsto, señálaselo al trabajador en privado.** De nada sirve reprenderle delante de todo el equipo, porque corres el riesgo de frustrarlo, de desmotivarlo y de hacer que pierda la credibilidad ante sus colegas.
- **Evita controlar demasiado.** Si continúas vigilándolo todo de forma intempestiva, harás que el trabajador pierda responsabilidad y motivación. Sin embargo, no tienes que delegar a ciegas y tomar riesgos considerables para la empresa. Échale un vistazo rápido a tu empleado de vez en cuando.
- **Evita delegar con prisas o demasiado tarde.** Para que la delegación sea eficaz tiene que prepararse. Por ello, no esperes a estar desbordado de trabajo para decidir,

porque los trabajadores tendrán la impresión de ser el segundo plato y no se implicarán tanto como quisieras. Dedícale tiempo a analizar la misión, a definir las diferentes acciones que hay que llevar a cabo, a seleccionar al trabajador adecuado y a comunicar la información relativa al proyecto.

- **No te olvides de agradecer, felicitar y otorgarle reconocimiento al trabajador**. Después de todo, el proyecto ha tenido éxito en parte gracias a él.

PREGUNTAS FRECUENTES

NO TENGO LA SENSACIÓN DE ESTAR DESBORDADO DE TRABAJO, ¿AUN ASÍ TENGO QUE DELEGAR?

No sirve de nada delegar a toda costa. Hazlo si te va a llegar una gran carga de trabajo, si tienes que respetar plazos ajustados o si hay alguien más competente que tú para realizar una tarea en concreto. Delegar una parte de un proyecto es un medio eficaz para culminarlo con éxito. De hecho, te permite gestionar mejor tu tiempo y poder así dedicarlo a otras actividades. Además, si confías tareas a tus trabajadores les responsabilizarás y así les motivarás y permitirás que se impliquen en la actividad de la empresa.

¿CUÁL ES EL MOMENTO PROPICIO PARA DELEGAR?

No esperes a estar desbordado de trabajo o a darte cuenta de que no vas a lograr (por falta de tiempo o de competencias) alcanzar el objetivo fijado. En cuanto surja un nuevo proyecto, analiza el conjunto de las competencias y de las tareas que se necesitarán para desarrollarlo. Identifica las que puedas asumir solo y confía el resto a tus empleados. Además, aprovecha los momentos huecos para dedicarle tiempo a organizar tu transferencia de poder.

¿DELEGAR SIGNIFICA ABANDONAR UNA PARTE DEL PROYECTO?

Al contrario de lo que muchos piensan, descargarse de una parte del trabajo no significa abandonar el proyecto. Es un método necesario para organizar mejor el tiempo de trabajo mediante el reparto de las tareas y de las responsabilidades. Permite reducir el estrés valorando y motivando al equipo. Delegar es antónimo de abandonar: es equiparte de las herramientas necesarias para finalizar tu proyecto. ¡Olvídate de los clichés y ponte manos a la obra!

¿PUEDO CONFIARLE TODO TIPO DE TAREAS A MIS TRABAJADORES?

Se puede delegar en todos los ámbitos: administrativo, comercial, financiero, marketing, técnico, etc. Lo importante es saber lo que quieres transmitirle a los demás y seleccionar al trabajador apropiado al que confiarle las tareas en función de sus competencias y de su disponibilidad, así como de su grado de responsabilidad. Sin embargo, algunos papeles específicos de tu función deben seguir siendo de tu responsabilidad. Finalmente, evita abusar de este proceso delegando tareas solo porque no te interesan.

CUANDO HE DELEGADO LA TAREA, ¿ES NECESARIO SEGUIR OCUPÁNDOME DE ELLA?

En toda delegación, el control es necesario con la condición de que se mida adecuadamente. De hecho, sería contraproducente vigilar diariamente a tus trabajadores para observar cómo avanza el proyecto e inspeccionar la menor de sus acciones y de sus gestos. Es preferible prever reuniones de evaluación, no demasiado regulares para no entorpecer o ralentizar el proceso. Estas deberían acompañarse de un *feedback* constructivo que le permita al trabajador continuar por el buen camino. Más que un control, se trata de guiarle en el éxito de la misión.

¿QUÉ HERRAMIENTAS PUEDEN AYUDARME A ORGANIZAR LA DELEGACIÓN?

No existen herramientas específicas para ello. Sin embargo, el uso de tablas de reparto de tareas o el sistema del *mind mapping* (mapa mental) podrá ayudarte. Mantente positivo y disponible, comunica siempre, pon a disposición de tus trabajadores los recursos necesarios, anímalos y cree en ellos: estas son las claves del éxito.

¿CUÁLES SON LOS RIESGOS VINCULADOS A LA DELEGACIÓN?

A menudo se recomienda recurrir a la delegación para aligerar la carga de trabajo, para acelerar el proceso de puesta en marcha del proyecto y para valorar al personal de la empresa. No obstante, existen algunos riesgos inherentes a la delegación, como:

- desorganizar la jerarquía, en el sentido en que la toma de decisiones de los subordinados se situaría por encima de la de sus superiores o crearía contradicciones a nivel comunicativo;

- crear celos o rencor en el equipo;
- provocar desvíos si el delegatario abusa del poder que le han otorgado o si el que delega confía cualquier tarea;
- generar frustración en el delegatario si este no es guiado correctamente o si los objetivos no están claramente definidos.

¿CÓMO ASEGURARME DE QUE MI EMPLEADO ACEPTARÁ ESTA TAREA DE FORMA POSITIVA?

Para que el delegatario reciba positivamente la tarea que le confías, no tiene que percibirla como una misión desagradable de la que te quieres desembarazar. Explícale por qué le has elegido a él (qué competencias), preséntale la importancia de la misión y concédele cierta autonomía en su realización. Al implicarle en el proyecto, al confiar en él, al darle responsabilidades y al otorgarle una cierta capacidad para tomar iniciativas, se sentirá valorado y se implicará de lleno en el proyecto.

¿SE PUEDE REVOCAR UNA DELEGACIÓN CON EL PROYECTO EN CURSO?

Una delegación establecida por un tiempo indeterminado puede revocarse en cualquier momento. Si una persona abusa de su poder, puedes retirárselo. Recordemos también que la delegación es relativa a acciones o a toma de decisiones, lo que significa que la marcha (natural o no) del responsable que ha delegado una parte de sus tareas o de sus poderes no hace que la delegación acabe automáticamente.

¿TENGO QUE FORMALIZAR MI DELEGACIÓN POR ESCRITO?

En el caso de una transferencia de poder, se recomienda encarecidamente formalizar la delegación en un escrito que precise la fecha de la entrada en vigor, la duración, la naturaleza de los poderes delegados y los eventuales acuerdos definidos de antemano entre el delegatario (persona a la que se le confían una parte de las responsabilidades) y el que delega (responsable que transfiere una parte de sus poderes).

En otros casos, como en la delegación de tareas a título ocasional, no es necesario prever un documento oficial. No obstante, es importante que recordemos que dejar constancia escrita puede resultar útil en caso de litigio y puede constituir una prueba.

¡AHORA ES TU TURNO!

ORGANIZAR LA DELEGACIÓN

Tienes todo a tu alcance para que tu delegación sea un éxito y para que se beneficie de ella todo tu equipo. Para lanzarte, utiliza la tabla de proyectos o el *mind mapping* con el objetivo de elegir la misión que vas a delegar y a quién confiársela.

Tabla de proyectos

	Proyecto global	Tarea 1	Tarea 2	Tarea 3
Descripción y objetivo				
Plazo				
Presupuesto				
Competencias requeridas				
Trabajador potencial				

Mind mapping

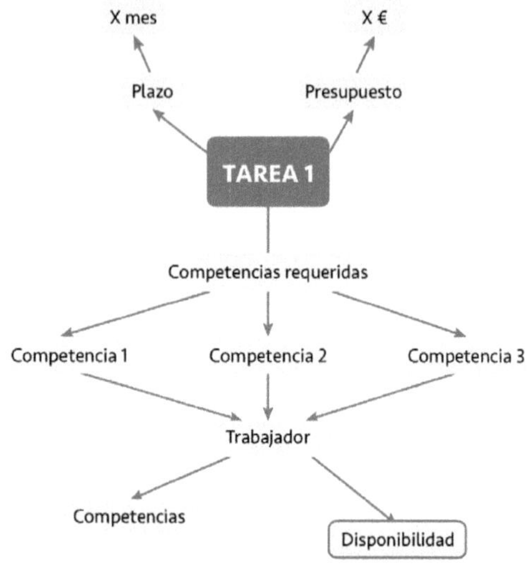

¡Tu opinión nos interesa!
¡Deja un comentario en la página web de tu librería en línea,
y comparte tus favoritos en las redes sociales!

PARA IR MÁS ALLÁ

FUENTES BIBLIOGRÁFICAS

- Condis, Stéphanie. 2011. "Comment déléguer en 5 questions clés". *L'Express*. 3 de febrero. Consultado el 15 de noviembre de 2015. http://lentreprise.lexpress.fr/ rh-management/management/comment-deleguer-en-5-questions-cles_1525738.html
- Coudière, Hervé. 2015. "Savoir déléguer pour réussir". *La formation pour tous*. Septiembre. Consultado el 3 de diciembre de 2015. http://www.laformationpourtous. com/comportemental/pratiquesoutils/savoir-dele-guer-pour-reussir.html
- Segeco, "La délégation de pouvoirs dans les sociétés", 2010. Consultado el 11 de diciembre de 2015. http:// www.segeco.fr/base-documentaire/la-delegation-de-pouvoirs-dans-les-societes-sp_fiche100112_1.html
- Tramond, Philippe. "Sachez déléguer". *Pilotis*. Consultado el 15 de noviembre de 2015. http://www. pilotis.fr/extranet/upload/presse/78%20OCT%20 09%20NOUV%20ENTREPRENEUR.pdf

FUENTES COMPLEMENTARIAS

- Ferrier, Nicolas. 2005. *La délégation de pouvoir, technique d'organisation de l'entreprise*. París: LexisNexis éditions.
- Lallican, Jean-Ange. 2015. *L'art de déléguer. Manager dans la confiance*. París: Dunod.
- Sorrel, Paul. 1995. *L'art de déléguer pour réussir*. Lyon: Éditions Juris.

- Zinque, Nicolas. 2016. *Gestiona tus proyectos con eficacia.* Traducido por Laura Bernal Martín. Bruselas: Plurilingua Publishing.